cLv

Sebastian Weber

Ist
Veränderung
möglich?

**Erfahrungen eines
ehemaligen Homosexuellen**

Christliche Literatur-Verbreitung e. V.
Postfach 11 01 35 · 33661 Bielefeld

1. Auflage 2009

© 2009 by CLV · Christliche Literatur-Verbreitung
Postfach 11 01 35 · 33661 Bielefeld
Internet: www.clv.de

Umschlag: Lucian Binder, Marienheide
Satz: CLV
Druck und Bindung: CPI – Ebner & Spiegel, Ulm

ISBN 978-3-86699-109-5

Inhalt

... Und solches sind einige von euch gewesen,
aber ihr seid abgewaschen, aber ihr seid geheiligt,
aber ihr seid gerechtfertigt worden
in dem Namen des Herrn Jesus
und durch den Geist unseres Gottes.

1. Korinther 6,11

Denn ich habe Wohlgefallen an dem Gesetz Gottes
nach dem inneren Menschen;
ich sehe aber ein anderes Gesetz in meinen Gliedern,
das dem Gesetz meines Sinnes widerstreitet
und mich in Gefangenschaft bringt
unter das Gesetz der Sünde, das in meinen Gliedern ist.
Ich elender Mensch!
Wer wird mich retten von diesem Leib des Todes? –
Ich danke Gott durch Jesus Christus, unseren Herrn!

Römer 7,22-25a

Vorwort

In unserer Gesellschaft wird gelebte Homosexualität heute von immer mehr Menschen akzeptiert. Auch die staatliche Gesetzgebung hat dazu beigetragen. Wurden in Deutschland nach dem Ende des Zweiten Weltkriegs homosexuelle Handlungen noch mit schweren Freiheitsstrafen geahndet (§ 175), so trat 2001 das »Gesetz über die Eingetragene Lebenspartnerschaft« in Kraft, das gleichgeschlechtlichen Beziehungen einen der Ehe ähnlichen rechtlichen Rahmen gibt. Seit 2006 geraten durch Inkrafttreten des »Allgemeinen Gleichbehandlungsgesetzes« (umgangssprachlich: »Antidiskriminierungsgesetz«) heute ferner jene mit dem Gesetz in Konflikt, die wegen persönlicher Vorbehalte gegenüber gelebter Homosexualität Mitbürger aufgrund ihrer sexuellen Identität benachteiligen. Die Homosexuellenlobby leistet ihren Beitrag dazu, für mehr Akzeptanz zu werben und jegliche Art von negativen Ansichten über ihren Lebensstil als Diskriminierung darzustellen.

Angesichts dieser gesellschaftlichen Entwicklung ist auch die christliche Gemeinde mehr denn je zu einer deutlichen Stellungnahme zu dieser Thematik herausgefordert. Wir nehmen hier eine große Bandbreite wahr: Auf der einen Seite werden Homosexuellenkirchen gegründet sowie gleichgeschlechtliche Ehen in Gottesdiensten gesegnet – auf der anderen Seite neigen einige zu einer Ausblendung und Tabuisierung der Problematik und einem

Nichtglaubenwollen, dass auch Christen mit homosexuellen Gefühlen zu kämpfen haben können und in ihren Gemeinden keine Hilfe bei der Bewältigung ihres Konflikts finden.

Daher möchte ich mithilfe dieser Zeilen anhand persönlicher Erfahrungen aufzeigen, dass es einen Weg heraus aus einer homosexuellen Orientierung gibt. Dabei will ich besonders Gott die Ehre geben, dass er diese Veränderung gewirkt hat. Einen ersten Anstoß gibt er schon allein durch das, was er in seinem Wort zu diesem Thema geschrieben hat. Erst dadurch wurde mir klar: Gott will gelebte Homosexualität nicht deshalb nicht, weil er sich in einer Laune ohne weiteren Grund überlegt hat: »Ich will dem Menschen dies verbieten.« Sondern er hat mit uns Menschen nur das Beste im Sinn, und so dienen auch all seine Gebote und Verbote dazu, dass wir ein wahrhaft »erfülltes« und glückliches Leben führen können. So kann auch ich es im Rückblick bezeugen: Mein jetziges Leben als Ehemann und Vater ist wesentlich erfüllender und glücklicher als meine in gelebter Homosexualität vergeudete Zeit.

Wie es dazu kam, dass ich diese Zeit hinter mir lassen durfte, und wer und was mir dabei insbesondere half, soll Thema dieses Buches sein. Zum einen möchte ich damit jenen Mut machen, die mit homosexuellen Gefühlen zu kämpfen haben und im heutigen Wirrwarr der Meinungen zu diesem Thema zurechtkommen müssen, insbesondere solchen, die wie ich als bereits wiedergeborene Christen zur Homosexualität neigen, die Bibel ernst nehmen und mit Gottes Hilfe Veränderung erleben möchten.

Zum anderen möchte ich auch jenen helfen, die in Seelsorge, Jugendarbeit, Gemeindeleitung usw. mit diesem Thema konfrontiert werden, indem ich sie an meinen Erfahrungen teilhaben lasse und ihnen so durch Informationen aus erster Hand eine Hilfe zum Verständnis betroffener Personen geben kann.

Ich werde in diesem Buch jedoch nur wenig auf psychologische Hintergründe und Erklärungen eingehen, hierzu gibt es zahlreiche Arbeiten, von denen einige hilfreiche unter den im Anhang empfohlenen Büchern zu finden sind.

Zum Schutz meiner eigenen Privatsphäre und derjenigen aller anderen Personen, die mich auf dem Weg hinein und heraus aus diesem Lebenswandel begleitet haben, habe ich außer meinem Pseudonym keine Namen von Personen und Orten genannt. Dafür bitte ich den Leser um Verständnis. Möge es nicht dazu führen, dass dieses Zeugnis dadurch weniger authentisch wirkt.

Auch sei an dieser Stelle bereits darauf hingewiesen, dass die Gründe und Ursachen zur Entstehung von Homosexualität ebenso vielfältig sind wie der persönliche Umgang der Betroffenen damit und die Art und Weise der Veränderung dieser Gefühle bei jenen, die sich auf denselben Weg wie ich gemacht haben. Somit ist mein Zeugnis keineswegs repräsentativ. Dennoch hoffe ich, dass es den beabsichtigten Zweck erfüllt. Möge Gott dazu seine Gnade schenken!

Der Autor
Februar 2009

Wie alles begann

Geboren wurde ich Mitte der 1970er-Jahre in einer deutschen Großstadt. Dort verbrachte ich auch die ersten neun Lebensjahre. (20 Jahre später stellte ich fest, dass die Schwulenszene dieser Stadt fast direkt vor unserer Haustür war.) Ich war das erste Kind meiner Eltern – und blieb auch das einzige. Meine Eltern gehörten beide der evangelischen Kirche an – und so wurde ich mit knapp 6 Monaten durch Kindertaufe ebenfalls Kirchenmitglied. Allerdings waren wir nahezu »Karteileichen« – nicht völlig, aber weitgehend: Es war zwar ein Glaube an die Existenz eines Gottes vorhanden, mit dem auch ich aufgewachsen bin, doch was dies mit unserem persönlichen Leben zu tun hatte, war uns zu dieser Zeit noch unklar und schleierhaft.

Doch dies sollte sich in den folgenden Jahren Stück für Stück ändern. Als ich neun Jahre alt war, zogen wir aus dem Zentrum der Großstadt an den Rand einer Kleinstadt in einem zudem völlig anders geprägten Landesteil Deutschlands. Kurz darauf kam meine Mutter zum lebendigen Glauben an Jesus Christus. In meinem nun »halb-christlichen Elternhaus« betete meine Mutter fast täglich mit mir und gab mir Bibellesehilfen, die ich schon als Kind gerne las. Doch sollte es noch einige Zeit dauern, bis ich zum persönlichen Glauben an Jesus Christus fand.

Im Alter von 12 oder 13 Jahren, der Zeit also, in der die Pubertät beginnt und in der Schule der

Sexualkunde-Unterricht stattfand, dachte ich erstmals in Form von Tagträumen an körperliche Nähe mit gleichaltrigen, gut aussehenden Jungen. Dass diese Wünsche für mein Geschlecht nicht »üblich« waren, war mir zu dieser Zeit überhaupt nicht bewusst. Ich sprach mit niemandem über diese Träume, außerdem war ich bisher kaum mit dem Thema und dem Begriff »Homosexualität« konfrontiert worden. Schließlich wuchs ich in einer »gut bürgerlichen Familie« in einer Kleinstadt auf, wo sich Homosexualität zwischen Rand- und Tabuthema bewegte. Und so hatte ich mir in meiner kindlichen Unbekümmertheit immer vorgestellt: »Ich werde einmal heiraten und ganz viele Kinder haben!« Doch zur gleichen Zeit dachte ich auch: »Wenn ich einmal nicht mehr zu Hause wohnen werde, weil ich in einer fremden, großen Stadt studiere oder so, dann möchte ich einmal eine sexuelle Beziehung mit einem Mann haben! Nicht für immer, denn ich will ja schließlich eine Familie gründen (bestimmt erwarten meine Eltern das von mir – weil ich schließlich ihr einziges Kind bin). Und natürlich ganz heimlich, denn so etwas darf doch keiner mitbekommen!« Mein Gedanke, dass Sex zwischen Männern moralisch verwerflich ist, kam sicherlich aus meiner zum Teil christlich geprägten Erziehung, doch war mir auch die geringe gesellschaftliche Akzeptanz des homosexuellen Lebensstils bewusst. Immer wieder kam dieser Wunsch in mir hoch, und doch konnte ich mir damals überhaupt nicht vorstellen, dass es später tatsächlich einmal so kommen könnte. Schließlich war ich doch viel zu schüchtern, um jemanden zu finden, sei es nun einen Mann oder eine Frau. Hinzu kam ein starkes Minderwertigkeitsgefühl: »Ich bin nichts, ich kann nichts, ich hab nichts.«

»Ich bin kein ›richtiger‹ Mann«

Ich konnte mich in dieses Gefühl so richtig hinein-
steigern: »Ich bekomme bestimmt nie eine Frau! Die
anderen Männer sind doch viel hübscher und stärker
und mutiger und geschickter als ich! Und so richtige
Freunde habe ich auch nicht! Kein Wunder: Ich kann
ja nicht einmal Fußball spielen – wenn im Sport-
unterricht Mannschaften gewählt werden, werde ich
immer entweder als Letzter oder als einer der Letzten gewählt. Es ist doch so: Keiner mag mich! Ich
mag die Natur und mache gerne Radtouren und
spiele gern ein bisschen Tischtennis. Aber mich
interessiert Technik überhaupt nicht. Jungs, fragt
mich bloß nicht nach der tollsten Automarke oder
dem besten Computerspiel oder -programm, davon
habe ich keine Ahnung – und es interessiert mich
auch nicht. Deshalb könnt ihr wohl nichts mit mir
anfangen. Keiner mag mich! Ich versuche, durch
schulische Leistungen eine Anerkennung zu bekommen. Doch was passiert? Ihr nennt mich ›Streber‹,
und ich bin wieder der Außenseiter. Und später habt
ihr eure ersten Freundinnen gehabt, und ich habe
mich wohl immer etwas zu blöd angestellt, nur um
einfach auch einmal eine Freundin zu haben. Ohne
Erfolg! Bin also wieder der Außenseiter, ein Mann
wohl vom Körper her, doch kein ›richtiger‹ Mann,
der so sehr ›Mann‹ ist wie ihr auch!«

Erst viel später begriff ich, dass es zwischen diesen Gedanken und meinen homosexuellen Gefühlen
einen unmittelbaren Zusammenhang gibt. Nicht die

Geburt oder die Gene (wie manche es glauben, weil man es wissenschaftlich bewiesen zu haben meint) waren die Ursache meiner sexuellen Orientierung, sondern das mangelnde Zugehörigkeitsgefühl zur »Männerwelt« aufgrund von Unsicherheiten in der eigenen Identität als Mann. Ich versuche es einmal so auszudrücken: Durch meine Gedanken, meine Interessen und mein Verhalten wurde ich teils von anderen zu einem Außenseiter »gemacht«, teils machte ich mich jedoch auch selbst zu einem. Eine solche Entwicklung führt ja fast immer zu Schwierigkeiten im weiteren Leben, jedoch bei Weitem nicht immer zu einer homosexuellen Orientierung. Diese ist jedoch oft die Folge, wenn dieses Außenseiter-Dasein mit dem Gefühl verbunden ist, nicht so männlich zu sein wie andere, insbesondere Gleichaltrige. Als Folge fühlte ich mich von anderen Männern nicht als Mann angenommen. Stärkung meiner »männlichen Identität« – meines Zugehörigkeitsgefühls zur »Männerwelt« – bekomme ich jedoch in erster Linie durch Bestätigung durch Männer, die mir signalisieren: »Du bist einer von uns! Genauso Mann wie wir!« – sei es nun durch ihr persönliches Interesse an mir, durch gemeinsame Aktivitäten oder durch offene, vertrauensvolle Gespräche usw.

Wenn jedoch diese Bestätigung fehlt oder zumindest von einem selbst nicht als solche wahrgenommen wird, kann es geschehen, dass sich der Betroffene umso mehr nach dieser Annahme durch andere Männer sehnt und sich in diesen Wunsch, diese Sehnsucht nach Annahme so sehr hineinsteigert, dass er letztlich die gesunde und von Gottes Wort her erlaubte Grenze des Miteinanders zwischen Mann und Mann überschreitet und sich schlussendlich die sexuelle Vereinigung mit einem anderen Mann wünscht. Annahme und Bestätigung wünscht sich der Betroffene am stärksten durch solche Männer, die für ihn das Idealbild von Männlichkeit verkörpern – die genauso (oder zumindest annähernd so) sind, wie man selbst als Mann gerne sein würde, es aber entweder tatsächlich nicht ist oder aber nicht zu sein meint. Und so sehnt sich der Betroffene nach der weitestgehenden Form von Annahme durch einen anderen Menschen, der körperlichen Vereinigung: »Wenn mich DIESER Mann meiner Träume auf diese Weise annimmt, dann drückt er damit aus: ›Du bist so in Ordnung, wie du bist – genauso Mann wie ich auch.‹« Doch »männlicher« wird man durch eine solche Art der Annahme nicht. Sie hilft nicht weiter, wenn man eigentlich den tiefen Wunsch hat, sich voll und ganz als Mann unter Männern zu fühlen. Doch das war es, was ich eigentlich wollte – nicht, dass ich wegen meines Körpers und meiner Sexualität von einigen Männern angenommen werde, sondern dass ich vollständig – mit meinem ganzen Sein – von der »Männerwelt« als gleichwertiger Mann angesehen werde. So würde der Weg in die Homosexualität mich in der von mir so bewunderten und unerreichbaren »Männerwelt« noch mehr zum Außenseiter machen. Doch weder das Wissen um diese Folge noch die Kämpfe meines Gewissens mit den Aussagen der Bibel konnten mich letztendlich von der Entscheidung abbringen, meine homosexuellen Gefühle auch in der Praxis auszuleben.

Neues Leben mit Jesus

Während meines Zivildienstes wurde eine depressive Phase zum Anlass, dass ich nach langer Zeit des Mitlaufens in die Kirche und des Lesens in der Bibel endlich ernst machte mit dem Glauben. Ich vertraute mein Leben Jesus als meinem Herrn und Retter an und wusste mich vom allmächtigen Gott als sein geliebtes Kind angenommen.

Doch in diesem Lebensabschnitt war für mich auch die Zeit gekommen, dass ich nicht mehr länger verdrängen und überspielen konnte, dass ich mich sexuell zu meinem eigenen Geschlecht hingezogen fühlte.

Der persönliche Glaube an Jesus Christus und die Bibel als das Wort Gottes sind mit Sicherheit der stärkste Auslöser dafür gewesen, dass ich mich seit dieser Zeit stets kritisch mit meinen homosexuellen Gefühlen auseinandergesetzt habe – was wohl ohne den Hintergrund des christlichen Glaubens eher selten in dieser Intensität vorkommt.

Es folgte der Beginn meines Studiums. Ich wohnte erstmals in meinem Leben allein – mehrere Hundert Kilometer von meinem Elternhaus entfernt. Da ich noch recht jung im Glauben war, doch sehr hungrig danach, in meiner Beziehung zu Gott weiter zu wachsen, schloss ich mich an meinem neuen Wohnort schon von Anfang an sowohl einer christlichen Gemeinde als auch einer christlichen Studentengruppe an und arbeitete in beiden auch recht schnell ehrenamtlich mit. Mein in meiner Schulzeit ungestilltes Bedürfnis nach Annahme wurde jetzt gestillt: Als Kind Gottes war ich in seine Familie aufgenommen, als lebenslanges Einzelkind von der Geburt her hatte ich nun durch die Wiedergeburt auf einmal weltweit ganz viele Brüder und Schwestern (vgl. Johannes 1,12 – Christen dürfen sich »Kinder Gottes« nennen). Und der Teil dieser Familie, den ich in dieser Stadt kennenlernte, nahm mich als einen der Ihren auf. Recht schnell gewann ich ihr Vertrauen, sodass mir auch schon bald verantwortungsvolle Aufgaben übertragen wurden. In der Studentengruppe wurde ich bereits nach sechs Monaten zu einem der Leiter ernannt. Ich hatte Freude an diesen Diensten, war begeistert in meiner neu gefundenen lebendigen Beziehung zu Gott und hatte große Ziele, für ihn zu wirken. Auch das Studium nahm einen guten Verlauf, und ich durfte auch schon zum ersten Mal in meinem Leben eine Freundin haben, was mir das Gefühl gab, dass ich auch in dieser Hinsicht kein hoffnungsloser Fall war – auch wenn diese Beziehung dann plötzlich und schmerzlich wieder auseinanderging. Es war die bis dahin glücklichste Zeit in meinem Leben: Ich wusste mich von Gott angenommen, hatte viele (Glaubens-)Geschwister gewonnen und auch im Studium Erfolg.

Sexuelle Fantasien

Doch nach nicht einmal zwei Jahren holten mich die Minderwertigkeitsgefühle und das Gefühl des Abgelehntseins wieder ein – trotz dieser so liebevollen Aufnahme in Gottes Familie fühlte ich mich wieder verstärkt einsam und ungeliebt. Ich steigerte mich in diese Gefühle hinein: »Ihr wollt doch nur mit mir zu tun haben, weil ich diese Dienste in Gemeinde und christlicher Studentengruppe tue und ihr meine Hilfe, mein Wissen usw. braucht! Ihr seid doch nur deshalb so nett zu mir, weil ich dies oder jenes im Studium besser verstanden habe und ihr jemanden braucht, der's euch erklärt!« Objektiv betrachtet muss ich mir jedoch eingestehen: Ich hatte damals tatsächlich einige Freunde gefunden, mit denen ich offen über alles reden konnte, was mich beschäftigte, und mit denen ich durch den Glauben gemeinsame Interessen und Gesprächsthemen hatte. Doch in meiner Wahrnehmung überwog das Gefühl des Ungeliebtseins, des »Nutztier-Daseins«.

Eines Tages wurde unser Studentenwohnheim an das Daten-Netz der Uni angeschlossen. So konnte ich von meinem Zimmer aus kostenlos in die virtuelle Welt des Internet eintauchen. Schon am ersten Tag mit privatem Internet-Zugang landete ich bereits nach wenigen Momenten des innerlichen Kampfes auf Seiten mit homosexuellen Inhalten und nutzte so das Internet als eine Möglichkeit, heimlich und anonym an pornografische Bilder zu gelangen, die meine sexuellen Fantasien anregten. An vielen Tagen war ich von nun an teilweise stundenlang auf der Suche nach solchen Bildern. Doch nach jeder dieser moralischen Verfehlungen plagte mich das Gewissen, bat ich Gott um Vergebung und Befreiung, löschte meist alle Bilder wieder vollständig von der Festplatte – nur, um nach einem oder mehreren Tagen wieder dasselbe zu tun. »Wie kann ich nur davon freikommen?«, verzweifelte ich regelmäßig. »Glaube ich nicht stark genug? Versuche ich zu sehr, auf meine eigene Kraft zu vertrauen, dieser Sünde widerstehen zu können, statt Gott in mir wirken zu lassen? Würde es etwas helfen, wenn ich mich jemandem anvertrauen könnte, damit die Sünde ans Licht kommt und somit von ihrer Heimlichkeit und Finsternis entblößt wird? Aber wie würde ein Glaubensbruder reagieren, wenn er von dieser Sache erfahren würde?«

Ich war nie ein Technik-Freak. Von Computern und Internet wusste ich kaum mehr als das Nötigste. So wusste ich damals auch noch nicht, dass auf dem Computer Dateien aus dem Internet gespeichert werden, die jemand mit mehr Ahnung als ich beim Aufräumen der Computer-Festplatte problemlos finden kann. Als ein guter Freund und Glaubensbruder in meinem Beisein genau dies tat, erschrak ich fürchterlich. Er ließ sich seinen Fund jedoch nicht anmerken, sodass ich stark hoffte, Gott habe ihn für diesen kurzen Moment »blind« gemacht, damit er nicht die Namen der Dateien lesen konnte. Einige Wochen später erzählte ich diesem Freund, dass ich ein großes Problem hätte. Er ermutigte mich sehr, mich ihm anzuvertrauen. Auch wenn er gerade eine Ausbildung zum freikirchlichen Pastor machte und daher schon einige Erfahrung im Bereich Seelsorge gesammelt hatte, konnte ich mich anfänglich nicht zu diesem Schritt überwinden. Da er mich jedoch überraschend stark ermutigte, schrieb ich ihm einen langen Brief, in dem ich ihm von meiner Homosexualität erzählte. Er gab zu, dass er jene Dateien damals tatsächlich auf meinem Computer gesehen hatte und dies als Anlass genommen hatte, mich zu diesem Schritt zu ermutigen. Was mich am meisten überraschte – bei all dem, was er von meinen Kämpfen erfuhr und wie er mich seelsorgerlich betreute –, war: Er ging als Freund nicht auf Distanz zu mir. Dies hätte ich eigentlich erwartet. Schließlich könnte er als Mann ja denken, ich hätte ein »unmoralisches« Interesse an ihm. Doch so war mein Anvertrauen und die unveränderte Qualität unserer Freundschaft eine starke Bestätigung für mich: »Ich bin angenommen von einem Mann, auch wenn ich so bin, wie ich bin, und der andere von meinen Fehlern und Schwächen weiß!«

Doch immer mehr begannen in dieser Zeit die erotischen Fantasien in meinen Gedanken zu kreisen, immer mehr schaute ich bestimmten anderen Männern hinterher, die meinem Idealbild von Männlichkeit entsprachen: sportlich, schlank, gut aussehend, blond, braun gebrannt, jung.

Ich versuchte auch selbst alles Mögliche, um meine eigene körperliche Attraktivität zu steigern – so zu werden, wie es meinem Idealbild entsprach:

- sportlich: Ich fing an, durch den Wald zu joggen.
- schlank: Ich bemühte mich, weniger zu essen, wollte bei 1,86 m Körpergröße unbedingt dauerhaft unter die 80 kg kommen. Ich wog mich eine Zeit lang täglich zweimal.
- gut aussehend: Gel in die Haare, Anti-Falten-Creme fürs Gesicht!
- blond: Das mit dem Haare-Färben ging irgendwie immer daneben – durch meine dunkle Natur-Haarfarbe war es höchstes ein sattes Orange, egal wie lange ich das Mittel auch einwirken ließ …
- braun gebrannt: Ab in die Sonne und brutzeln … oder beim schwulen Freund unter die Sonnenbank.
- jung: Nun … an meinem Alter schließlich konnte ich doch nichts ändern. Die verbreitete Befürchtung, mit zunehmendem Alter an Attraktivität für die Schwulenszene zu verlieren, konnte ich mir gut ausmalen.

Der Schritt hinein

Immer mehr sehnte ich mich danach, einen Mann für mich allein zu haben. Auf der anderen Seite machte mir das Wissen um den Willen Gottes in diesem Bereich zu schaffen. Er hatte mir schon deutlich genug klargemacht, dass ich mich dieser Tatsache stellen muss, und zwar indem ich mit seiner Hilfe von diesen Gedanken und Gefühlen loskomme. Mein Verstand und meine Gefühle standen im Widerspruch. Immer mehr kamen auch Gedanken in mir hoch, in denen ich mich selbst – nicht so sehr Gott – fragte: »Warum gerade ich? Warum lässt er so etwas gerade in meinem Leben zu?« Und doch war mir vom Verstand her klar: »Er wird schon wissen, warum er seine Gebote so und nicht anders gemacht hat. Wenn Homosexualität wirklich Sünde ist, wird er mir auch helfen, davon loszukommen, denn schließlich ist er der allmächtige Gott, für den kein Problem zu groß ist.«

Gott kann! Aber wollte ich das? Trotz besseren Wissens ließ ich meine Gefühle in diesem inneren Kampf die Oberhand gewinnen.

Zwar knüpfte ich erfolgreich einen Briefkontakt zu einem anderen Christen, der mit denselben Gefühlen zu kämpfen hatte, doch war es wirklich hilfreich, mit jemandem einen Erfahrungsaustausch zu beginnen, der im selben Kampf steht und sogar tiefer darin verstrickt war als ich selbst?

Ich trauerte meiner Jugend hinterher. Wie viel Schönes hätte ich erleben können, wenn ich nicht der Außenseiter gewesen wäre, sondern echte Freunde gehabt hätte, mit denen ich durch »dick und dünn« hätte gehen können? Wäre ich doch nur schon früher zum Glauben gekommen – vielleicht hätte ich dann in einer Gemeinde Freunde gefunden ... Und was wäre doch vielleicht alles anders gewesen, wenn ich selbst kein zum Teil verwöhntes Einzelkind geblieben wäre, sondern noch Brüder und Schwestern in meiner Kindheit gehabt hätte? Es ist nun so, wie es ist – ich wurde das Gefühl nicht los, meine Jugend »verpasst« zu haben. Nun kam schon der 25. Geburtstag. Mir war nicht zum Feiern zumute! Dass meine Freunde heimlich hinter meinem Rücken eine Feier organisierten, hätte mich dankbar machen sollen, doch ich feierte äußerlich fröhlich und innerlich deprimiert mit. Nur wenige Tage später fasste ich einen Entschluss ...

Im Grunde hatte ich schon Wochen vorher die Weichen für diesen Schritt gestellt: Ich hatte mich bewusst aus jeder geistlichen Verantwortung zurückgezogen (so legte ich z.B. das Amt eines ehrenamtlichen Leiters der christlichen Studentengruppe nieder). Der Grund war, dass ich mir nicht mehr sicher war, ob ich an dem Rest an Disziplin, den ich noch hatte, festhalten wollte. Sollte ich zum Zeitpunkt meines eventuell bevorstehenden Ausbruchs in die Schwulenszene noch ein geistliches Amt innehaben, so würde mein Verhalten ja ein schlechtes Licht auf meinen geistlichen Dienst werfen. Das wollte ich auf keinen Fall! Wenn ich einen solchen Entschluss fassen würde, dann sollte der christliche

Dienst an der Uni, den ich bisher unterstützte, nicht darunter leiden.

Nach gar nicht allzu langem Ringen beschloss ich, Kontakt zu der Schwulengruppe der Uni aufzunehmen. Wieder erfuhr ich eine herzliche Aufnahme in einer Gemeinschaft mit gleichen Interessen und Gesprächsthemen – wieder war ich als einer unter Gleichgesinnten integriert. Doch gleichzeitig wurde mir auch bewusst: Ich würde ein Doppelleben führen müssen, wenn ich mich in die »Gemeinschaft der Schwulen« integrieren und weiterhin an meinem Glauben festhalten wollte. Die einen hätten kein Verständnis für meinen Glauben, die anderen keins für mein Verhalten. Einen solchen Weg wollte ich nicht beschreiten. So brach ich diesen Kontakt schon schnell wieder ab.

Hin und her

Oder sollte ich doch noch einmal eine Beziehung mit einer Frau versuchen? Wie ein »Rettungsring« kam es mir vor, als zu unserer beider Überraschung (und trotz ihres Wissens um meine homosexuellen Gefühle) eine neue Freundschaft mit einer Glaubensschwester Realität wurde. Aber ich merkte bald, wie weit ich von meinen Gefühlen her mittlerweile davon entfernt war, eine Frau in jeglicher Hinsicht so zu lieben, wie sie es wert ist. Nach nur wenigen Monaten trennte ich mich von ihr.

Nur einige Wochen später traf ich zum ersten Mal meinen gläubigen homosexuellen Brieffreund. Doch wir hatten uns schon vorher darauf geeinigt, dass es kein »frommer Erfahrungsaustausch« werden sollte, sondern mein erstes »Date« … Beide hatten wir nach dieser Nacht ein schlechtes Gewissen vor Gott. Uns wurde klar: Trotz aller ursprünglich guten Vorsätze würden wir bei jedem weiteren Treffen zu zweit Gefahr laufen, wieder gemeinsam in diese Sünde zu fallen. Und so wurde dieses erste Treffen der Anfang vom Ende unseres Kontakts.

Wie konnte ich nur! Bis hierhin hatte ich es geschafft, sexuell enthaltsam zu leben, und als Christ hätte es noch mehr mein Ziel sein müssen, mich für meine zukünftige Frau rein zu halten. Aber wie töricht von mir, mich von meinen Gefühlen nun zu etwas verführen zu lassen, was ich nie mehr ungeschehen machen kann. Ich danke Gott für seine Vergebung – und meiner Frau für ihre.

Kurz vor jener schicksalhaften Nacht war mir das widersprüchliche Verhalten zwischen dem Verlangen, die Homosexualität auszuleben, und dem Wunsch, davon frei zu werden, schon so sehr zuwider geworden, dass ich Kontakt zu einer christlichen Seelsorge-Organisation aufnahm. Über diese wusste ich, dass sie sich auf Hilfe für solche Menschen spezialisiert hat, die auf eine Veränderung ihrer homosexuellen Gefühle hoffen.

Doch obwohl ich die Beratung dieser Organisation in Anspruch nahm, weil ich von diesem Verhalten wegkommen wollte, kam es in den folgenden Monaten zu weiteren sexuellen Kontakten. Mit einem dieser Männer, der ebenfalls gläubig war, begann ich sogar eine 16-monatige Beziehung, die mit großer emotionaler Abhängigkeit, vor allem von meiner Seite, verbunden war. Auch hier war es wieder so: Wir wollten es während dieser Zeit überhaupt nicht wahrhaben, dass wir eigentlich eine Beziehung haben – schließlich waren wir ja Christen, die eigentlich nur gute Freunde sein wollten, die sich helfen, von ihren homosexuellen Gefühlen wegzukommen. Immer wieder plagten uns die Gewissensbisse, baten wir Gott gemeinsam um Vergebung – nur um nach einem oder mehreren Tagen wieder gemeinsam »im Bett zu landen«.

Ich will von meiner Homosexualität loskommen! Ich will sie ausleben! Was will ich denn nun wirklich? Das, was Gott will, dem ich vertrauen kann, dass er für unser Leben den besten Plan hat, den er uns auch durch sein Wort offenbart hat? Oder meine ich, meine »verpasste« Jugend »nachholen« zu müssen?

Der mühsame Weg heraus

Als ich die »ungewollte« Beziehung zu diesem Mann begann, näherte sich das Ende meines Studiums. Die psychische Belastung durch die schwierigen Abschlussprüfungen verstärkte den Wunsch, einen Menschen dauerhaft an meiner Seite zu haben, mit dem ich Freud und Leid teilen kann, sozusagen »durch dick und dünn« gehen kann. Ich fand bei ihm Trost, Geborgenheit und Ermutigung, doch zum einen belastete mich die Tatsache, dass er mehr als 200 km von mir entfernt wohnte und wir uns nur alle paar Wochen mal sahen, zum anderen merkte ich schon sehr früh, dass er bei Weitem nicht dieselbe Anhänglichkeit mir gegenüber empfand wie ich ihm gegenüber. Dennoch schmiedeten wir auch zaghaft einige Zukunftspläne, und ich malte mir aus, wie ich vielleicht nach dem Studium eine Stelle in seiner Heimatstadt finden könnte und wir zusammenziehen würden.

Aber ein solches Leben hätte mich völlig von der Gemeinschaft mit meinen Glaubensgeschwistern isoliert. Denn welche bibeltreue Gemeinde hätte eine solche Lebensführung geduldet? Und wenn mein Freund auch meinen Glauben teilte: Wie hätten wir denn in Form einer Zweierschaft ohne Gemeindeanschluss geistlich überleben können?

Selbst wenn andere Christen meinen Lebenswandel akzeptiert hätten – wie hätte ich mein Gewissen so betäuben und austricksen können, um mich in der Illusion zu wiegen, trotz Sünde eine lebendige Beziehung zu Gott pflegen zu können?

Nein, so sehr ich mich einerseits auch danach sehnte – dieses Doppelleben würde ich nicht führen wollen.

Hinzu kam, dass ich vor dem Ausleben meiner homosexuellen Gefühle mein Studium stets mit dem Wunsch durchgeführt hatte, später einmal meine dadurch erworbenen Fähigkeiten vollzeitlich zur Ehre des Herrn einzusetzen. Und dieser Wunsch setzte sich – Gott sei Dank – letztendlich durch.

Wenn auch meine Gefühle dieser Idee widerstrebten, so war ich doch zutiefst glücklich, als mein Freund und ich uns schließlich darauf einigten, unsere sexuelle Beziehung zu beenden und in eine Freundschaft umzuwandeln, die wirklich das Ziel verfolgte, das wir uns ursprünglich für unseren Kontakt gesetzt hatten: Weg von der Homosexualität! Dass dies aufgrund unserer emotionsgeladenen Beziehungs-Vorgeschichte eine Illusion war, wurde uns erst Monate später klar. Wir brachen daraufhin unseren Kontakt ganz ab.

Doch was tat ich nur wenige Tage nach dem Ende dieser Beziehung? Ich hatte wieder Sex mit einem Mann. Und wieder war es ein Christ – da ich mir einredete: »Es wäre doch schlecht fürs christliche Zeugnis, wenn ich diese Sünde mit einem Ungläubigen vollbringen würde, der genau weiß, dass dies gar nicht zum Glauben passt, und mich vielleicht als Heuchler abstempeln würde!« Anderthalb Jahre später habe ich dann auch diese Schranke fallen lassen.

Zwischen all diesen Kurzzeit-Beziehungen und »One-Night-Stands« gab es immer wieder Zeiten, in denen ich stolz darauf war, diese Sünde nun wirklich hinter mir gelassen zu haben. Ich zählte die Tage, wie lange ich nun schon »abstinent« lebte. Bis zum nächsten »Absturz« – der mich wieder in große Verzweiflung und Hoffnungslosigkeit stürzte, ob ich den Ausweg, den ich mir in meinem tiefsten Innern doch so sehnlich wünschte, jemals finden würde.

Christliche Freunde schlugen mir vor, es einmal mit einem ernsthaften »Befreiungsgebet« zu versuchen. Sie waren der Meinung, eine solch schlimme Persönlichkeitsstörung, wie ich sie hätte, sei eindeutig dämonischen Ursprungs, und so müsse ich »nur« diesen »Dämon der Homosexualität« aus mir austreiben lassen – und das Problem wäre erledigt. Ich versuchte dies auch mehrmals selbst und ließ auch andere entsprechend für mich beten – nur um jedes Mal resigniert festzustellen, dass dadurch keine Besserung eintrat. Auch wenn ich mir nicht so recht vorstellen konnte, dass eine solche Behandlung des Themas von der Bibel her richtig war, wünschte ich mir doch zu sehr, dass ein solches Gebet den gewünschten Erfolg mit sich bringen würde. Ich dachte: »Wenn tatsächlich ein Dämon dahintersteckt, dann kann ich selbst ja im Grunde nichts für meine Gefühle – und was wäre besser, als nur diesen Dämon austreiben zu müssen und dann für immer von diesen Gefühlen und Gedanken frei zu sein?«

Doch mir wurde langsam klar, dass dieser scheinbar so einfache Weg nicht zum Ziel führen konnte, da er der Lehre der Bibel widersprach. Es war kein

Dämon in mir, da ich ja ein Kind Gottes bin und somit der Heilige Geist in mir wohnt – wie sollte ich zur selben Zeit dann von einem Dämon besessen sein können? Nein, ich bin »eine neue Schöpfung; das Alte ist vergangen, siehe, Neues ist geworden« (2. Korinther 5,17). Doch als Folge des Sündenfalls geht es mir wie Paulus und allen anderen Gläubigen: Auch wenn ich das Gute tun will, muss ich feststellen, »dass das Böse bei mir vorhanden ist« (vgl. Römer 7,21).

»Ich elender Mensch! Wer wird mich retten von diesem Leib des Todes? – Ich danke Gott durch Jesus Christus, unseren Herrn« (Römer 7,24f.)! Dem allmächtigen Gott sei Dank, dass ich trotz der Tatsache der »in mir wohnenden Sünde« (vgl. Römer 7,20) nicht in Selbstmitleid und Lethargie versinken muss, sondern damit rechnen darf, dass Gott mich zusätzlich zum zukünftigen ewigen Leben in seiner Herrlichkeit auch schon in meinem jetzigen Leib »den Sieg gibt durch unseren Herrn Jesus Christus« (1. Korinther 15,58)!

Mir wurde deutlich: Es gibt keine »schnelle Lösung« für die Befreiung von meinen homosexuellen Gedanken und Gefühlen. Es würde eine längere Zeit, viel Kraft und Durchhalten in Anspruch nehmen, davon frei zu werden – doch mit dem allmächtigen Gott an meiner Seite, dessen Wille meine Heiligung ist (vgl. 1. Thessalonicher 4,3), weiß ich, dass es gelingen kann, wenn ich dazu bereit bin, mich von ihm verändern zu lassen.

Doch in der Praxis baute ich zunächst noch zu sehr auf meine eigene Disziplin, hoffte zu sehr darauf, dass ich stark genug wäre, Verzicht zu üben – dass ich aus mir selbst heraus die Kraft habe, bestimmte Internetseiten nicht zu besuchen und meine Gedanken unter Kontrolle zu bekommen, wenn ich auf der Straße einem gut aussehenden Mann begegnete. Und das, obwohl mir auch durch das Beratungsangebot jener christlichen Seelsorge-Organisation, an die ich mich wandte, ausführlich klargemacht wurde, dass ich diese Sucht nicht einfach hinter mir lassen kann, ohne etwas zu finden, was an ihre Stelle tritt.

Die christliche Gemeinde bietet im Idealfall einen solchen »Ersatz« in zweierlei Hinsicht: zum einen in der Beziehung zu Gott und der gegenseitigen Ermutigung, diese zu leben – zum anderen in gelebten zwischenmenschlichen Beziehungen.

Geistliches Leben als Hilfe

Zum einen also – und in erster Linie – sollte die christliche Gemeinde zu einer Ausrichtung auf göttliche, geistliche Dinge ermutigen und Raum bieten, seine geistlichen Gaben in ihr zu Gottes Ehre einzusetzen. Schon lange zuvor war mir dies durch einige Zeilen in einem Buch des amerikanischen Bibellehrers William MacDonald theoretisch bewusst gewesen:

»Wandelt er [der homosexuell Empfindende] seinen sexuellen Trieb … in unermüdlichen Dienst für seinen König, den Herrn Jesus, um, so kann er auch darüber den Sieg erringen.«[1]

Ich bin froh, dass mich in jener Zeit einige Glaubensgeschwister ermutigt haben, Bibelverse auswendig zu lernen und Bibelstunden vorzubereiten. Die erneute, verstärkte Ausrichtung »auf das, was droben ist« (Kolosser 3,2) half mir, mehr und mehr den sexuellen Versuchungen zu widerstehen (vgl. 1. Korinther 6,18a). Zeitweise hängte ich mir Bibelverse wie z.B. Galater 5,1 (»Für die Freiheit hat Christus uns frei gemacht; steht nun fest und lasst euch nicht wieder unter einem Joch der Knechtschaft halten.«) an den Computer oder andere Stellen, um deren Wahrheiten in schwierigen Situationen stets deutlich vor Augen zu haben.[2]

---

1   aus: Der vergessene Befehl: Seid heilig!, CLV, S. 152.
2   Inspiriert wurde ich von einer Glaubensschwester, die an ihren Fernseher einen Zettel mit dem Spruch hängte: »Wende meine Augen davon ab, das Eitle zu betrachten« (Psalm 119,37a; Rev. Elberfelder).

Auch war es mir eine große Hilfe, mich zur Rechenschaft gegenüber einigen Glaubensbrüdern zu verpflichten, denen ich die Erlaubnis gab, jederzeit nachzufragen, wie ich im Kampf gegen meine Sucht klarkomme. Manchmal war ich zugegebenermaßen verärgert über die Hartnäckigkeit meiner Glaubensgeschwister – wenn ich wieder mal eine Phase durchlebte, in der ich alles andere als geistlich leben wollte. Im Rückblick bin ich ihnen jedoch dankbar für ihre Beharrlichkeit und dass sie mich nicht aufgegeben haben – weder in ihren Ermutigungen und Ermahnungen noch in ihren Gebeten.

Selbst jedoch tat ich mich mit dem Beten damals schwer – ist es doch der innigste Ausdruck unserer Beziehung zu Gott. Doch war – und bin – ich mir der Verheißungen, die darauf liegen, bewusst und erlebte auch so manches Mal als direkte Folge eines Gebets, wie ich der Sünde widerstehen konnte und eine schon geplante Verfehlung verhindert wurde.

Echte Freunde

Zum anderen wird man in der Gemeinde die Möglichkeit haben, zwischenmenschliche Beziehungen auf einer sowohl geistlichen als auch freundschaftlichen Ebene zu knüpfen. Manch väterlicher Freund wird als Seelsorger, durch Gottes Geist gelenkt, weise Ratschläge weitergeben; andere, gleichaltrige Freunde werden sich gegenseitig (z.B. in Form einer Zweierschaft) zu einem gottgefälligen, heiligen Lebenswandel, zu Gebet und Bibellesen ermutigen und/oder durch gemeinsame Aktionen Zeit miteinander verbringen, wodurch man einander Wertschätzung und freundschaftliche Zuneigung zeigt.

Letzteres war auch der entscheidende Ansatz, der mir in jenem Beratungsangebot deutlich wurde: An die Stelle homosexueller Fantasien und Wünsche und der daraus gegebenenfalls entstehenden Beziehungen sollen echte, nichtsexuelle, gleichgeschlechtliche Freundschaften treten. In solchen Freundschaften erfahre ich als homosexuell Empfindender: Ich BIN angenommen vom anderen! Als Mann – als wertgeschätztes, gleichwertiges Gegenüber, nicht als »Objekt sexueller Begierde«!

Ich fühlte mich zwar, wie bereits beschrieben, schon nach meiner Bekehrung von meinen Glaubensgeschwistern in der weltweiten christlichen Gemeinde hervorragend aufgenommen, dies jedoch in erster Linie als Christ, als Bruder im Herrn. Ich wusste: Ich bin nun einer von ihnen. *Als Christ*, als Gotteskind hatte ich also meine Identität gefunden. Nach meiner Identität *als Mann* jedoch war ich noch auf der Suche.

»Richtige, gleichgeschlechtliche, nichtsexuelle Freundschaften – wo finde ich die denn?«, dachte ich mir. Doch warum in der Ferne schweifen, wo das Gute so nah liegt? Tatsächlich war die christliche Gemeinde der Ort, an dem ich auch in meine Identität als Mann hineinwachsen konnte.

Einigen Glaubensgeschwistern habe ich seit meinem ersten Bekenntnis von meinen homosexuellen Neigungen – und Taten – erzählt. Die überwiegende Mehrheit hat mich daraufhin nicht abgelehnt oder verstoßen – obwohl ich glaubte, dies durchaus verdient zu haben. Sie haben – bewusst oder unbewusst – praktiziert, was William MacDonald rät:

»Weitergehende Seelsorge [ist] in jedem Falle wichtig. Wie sollen wir zu Homosexuellen stehen? Als Christen sollen wir sie als Menschen akzeptieren, ohne jedoch ihren Lebensstil gutzuheißen. Da auch sie Seelen sind, für die Jesus gestorben ist, sollten wir auf jedem möglichen Weg versuchen, sie für ein Leben in Heiligkeit zu gewinnen. Wir sollten mit ihnen im Geiste der Sanftmut umgehen […].«[3]

In Bezug auf meine Identität als Mann bewegte mich insbesondere das Verhalten einiger Glaubensbrüder: Auch wenn sie mich manchmal aufgrund meines Lebensstils ermahnen mussten, lebten (und leben) sie eine echte Freundschaft mit mir, in der sie mir auch ihre eigenen Probleme und Versuchungen anvertrauten und mir durch keinerlei Andeutungen

---

3   aus: Der vergessene Befehl: Seid heilig!, CLV Bielefeld, S. 154.

oder Handlungen zu verstehen gaben, dass ich aufgrund meiner Neigungen in ihren Augen weniger wert wäre. Dies war eine grundlegende Erfahrung auf dem Weg zu einem gesunden Selbstverständnis als Mann.

Eine weitere grundlegende Erfahrung auf diesem Weg waren gerade auch solche Freundschaften, bei denen mein Gegenüber nichts von meinen Neigungen wusste. Ich selbst war in meinem Denken ja von meiner Andersartigkeit im Vergleich zu anderen Männern überzeugt. Daher überraschte es mich, wenn ich mir in Bezug auf solche Freundschaften bewusst machte, dass sie mich trotzdem so annahmen, wie ich war. »Aber ich bin doch so anders! Wie kann es denn sein, dass du dich mit mir abgibst? Was findest du denn schon an mir? Ich bin doch so uninteressant und langweilig als Freund!« – solche unausgesprochenen Gedanken gingen mir in diesen Fällen durch den Kopf. Und doch gaben sie sich mit mir ab – eine Realität, die ich kaum fassen konnte. Manchen von ihnen habe ich später mein »Geheimnis« anvertraut – und sie mochten mich tatsächlich immer noch! »Wie kann denn das sein?« Ich bin ein Mann – genauso wie der andere auch. Von ihm als gleichwertig akzeptiert und wertgeschätzt.

Und dann gab es auch noch jene Wegbegleiter, die nicht nur mein Christsein und mein Mannsein mit mir teilten, sondern auch meine homosexuellen Neigungen. Wie ich ja in der Vergangenheit des Öfteren erfahren habe, ist die potenzielle Gefahr, die von solchen Kontakten ausgeht, nicht zu unterschätzen. Jene Kontakte unter ihnen aber, die den Rahmen einer nichtsexuellen Freundschaft nicht sprengten, waren und sind mir eine große Hilfe durch den gemeinsamen Erfahrungsaustausch. Sehr ausführlich und persönlich konnte und kann ich mich mit einigen solcher Glaubensbrüder über die prägenden Erfahrungen in Kindheit und Jugend, das mühsame Auf und Ab der Gefühle und Entscheidungen für und gegen das Ausleben der homosexuellen Neigungen, den gemeinsamen Kampf gegen diese Sucht und das Ausleben gesunder Beziehungen in Freundschaften und teilweise auch in einer Ehe mit einer Frau austauschen.

Mein Leben heute

Die Ehe mit einer Frau? Ja, auch diesen Schritt konnte ich mittlerweile gehen – wie viele andere von homosexuellen Neigungen betroffene Christen. Meine Frau lernte ich zu einem Zeitpunkt kennen und lieben, als ich in dem Veränderungsprozess noch längst nicht so weit vorangekommen war wie heute. Und so musste sie im Laufe unserer Beziehung noch einige schmerzhafte Eingeständnisse neuer homosexuell geprägter Sünden ertragen. Doch ihre Liebe und ihr Glaube halfen ihr, mir zu vergeben. Wir heirateten und sind inzwischen glückliche Eltern. Noch drei Jahre vor unserer Hochzeit hätte ich nie auch nur zu träumen gewagt, dass ich jemals sowohl Ehemann als auch Vater sein würde – und ein glücklicher noch dazu (der kein heimliches Doppelleben führen muss, weil irgendwelche alten Gefühle wieder hochkommen und die Oberhand gewinnen).

Ich bin meiner Frau zutiefst dankbar für ihre Liebe und dass sie mich trotz all meiner Fehler und Schwächen als ihren Mann angenommen hat.

Ihr und all meinen Glaubensgeschwistern bin ich dankbar für ihre Begleitung auf meinem Weg, meine Identität als Mann zu finden und zu leben – ganz gleich, ob sie mir nun bewusst oder unbewusst geholfen haben.

Gott aber sei Dank, der uns den Sieg gibt durch unseren Herrn Jesus Christus (1. Korinther 15,57)! Er hat mich nicht aufgegeben und nicht verlassen, sondern immer wieder zu sich zurückgezogen und mir durch sein Wort und die Menschen, die er mir zur Seite gestellt hat, einen Ausweg aus meiner Sucht gezeigt! Gepriesen sei er in Ewigkeit!

Nachwort

Ich habe in diesem Buch bewusst von »Veränderung« von homosexuellen Gefühlen geschrieben, nicht von »Heilung« oder gar von »Umpolung«. Um ein weiteres Mal William MacDonald zu zitieren: »Was die homosexuelle Neigung betrifft, so kann ein Gläubiger für den Rest seines Lebens dagegen zu kämpfen haben.«[4] Ich würde lügen, würde ich behaupten, ich wäre nun geheilt und frei von jeglicher Versuchung im homosexuellen Bereich, von all meinen homosexuellen Gefühlen. Auch kenne ich persönlich niemanden, der eine vollständige Befreiung von homosexuellen Neigungen erlebt hat. (Die Antwort auf die Frage, ob eine solche überhaupt grundsätzlich möglich ist, überlasse ich der Fachwelt.) Jedoch ist eine Veränderung der sexuellen Gefühle grundsätzlich möglich, wie mehrere wissenschaftliche Studien belegen (s. dazu u.a. den Artikel von Gerrit Alberts im Anhang). Ich und viele andere haben erfahren, dass diese Veränderung so weit gehen kann, dass Menschen einen homosexuellen Lebensstil verlassen und sich auf eine dauerhafte erfüllte heterosexuelle Beziehung einlassen können. Homosexuelle Gedanken und Gefühle tauchen zwar noch hin und wieder auf, sind aber weit davon entfernt, das Denken und Handeln zu bestimmen, und haben einen Großteil ihrer Verführungskraft verloren. Wir sind immer noch fehlbare und sündige

---

4   aus: Der vergessene Befehl: Seid heilig!, S. 152.

Menschen, die auf die Erlösung ihres Leibes warten (vgl. Römer 7,24.25; 8,23). Möge Gott uns davor bewahren, dass wir den Weg der Heiligung, den er mit uns gegangen ist, durch einen Rückfall wieder verlassen.

Viele sind es, die Ähnliches erlebt haben. Ich will nicht müde werden, darauf hinzuweisen – in einer Zeit, in der Wissenschaft und Gesellschaft uns glauben machen wollen, dass Homosexualität angeboren ist und daher als alternativer Lebensstil akzeptiert und toleriert werden muss, und ein solcher Umgang mit diesem Thema auch von manchen christlichen Kirchen und Gemeinden eingefordert wird. Sie ist möglich, diese Veränderung – möge dieses Buch ein Beitrag dazu sein, dass sich noch mancher »Leidensgenosse« von mir auf diesen Weg einlässt. Er lohnt sich, das kann ich bezeugen!

Gerne möchte ich dir, lieber Leser, als Gesprächspartner zur Verfügung stehen, falls du mit demselben Kampf konfrontiert bist oder jemandem helfen willst, der in diesem Kampf steht. Bei Interesse sende einfach eine E-Mail an info@clv.de oder einen Brief an den Verlag CLV, der umgehend an mich weitergeleitet werden wird.

Jedoch kannst du dich auch an eine der Adressen (ab Seite 58) wenden, wenn du Hilfe in diesem Bereich suchst oder weitere Informationen zum Thema »Christlicher Glaube und Homosexualität« haben möchtest. Ferner findest du ab Seite 60 eine Liste mit empfehlenswerten Büchern zu dieser Thematik.

Anhang

Gerrit Alberts:
Häufig gestellte Fragen zur Homosexualität

(Der nachfolgende Artikel erschien erstmals 2005 in der Zeitschrift »fest & treu«, Nr. 110 [2/2005], CLV.)

Was macht die Homosexualität für christliche Gemeinden brisant?

Vor einiger Zeit sprach ich mit einem älteren Herrn, der über 40 Jahre in einer diakonischen Einrichtung gearbeitet hatte und jetzt sein Rentenalter erreichte. Er berichtete mir: »Wenn vor 40 Jahren in der Einrichtung bekannt geworden wäre, dass ein Mitarbeiter homosexuell ist, wäre dieser entlassen worden, weil diese sexuelle Orientierung nicht zu einer christlichen Einrichtung passt. Wenn ich heute fordern würde, dass ein homosexueller Mitarbeiter entlassen wird, würde ich sofort die Kündigung bekommen wegen Intoleranz«, fuhr er fort. »So haben sich die Zeiten geändert.«

In der Tat ist es den Homosexuellen und ihren Fürsprechern in erstaunlich kurzer Zeit gelungen, das gesellschaftliche Klima so zu verändern, dass aus einem Makel in mancher Hinsicht eine Eigenschaft wurde, auf die man stolz ist.

Das Statement des damaligen Kandidaten für das Amt des Regierenden Bürgermeisters von Berlin, Klaus Wowereit, wurde über die Grenzen Deutschlands hinaus bekannt: »Ich bin schwul, und das ist auch gut so!« Die Teilnehmer des Parteitages, vor denen er dieses Bekenntnis abgab, reagierten mit donnerndem Applaus.

Der schwedische Pastor Åke Green hingegen wurde zu einem Monat Haft verurteilt, weil er in einer Predigt Homosexualität und andere »abnorme« sexuelle Neigungen als »Krebsgeschwulst am Körper der Gesellschaft« bezeichnete. Allerdings wurde das Urteil im Februar 2005 in zweiter Instanz aufgehoben.

In christlichen Gemeinden macht sich in mehrfacher Hinsicht Verunsicherung breit. Ich habe mehrere Menschen im Umfeld der Gemeinde mit einer homosexuellen Neigung kennengelernt, die unter dem Einfluss der Schwulenbewegung größte Schwierigkeiten hatten, die Aussagen von Gottes Wort über homosexuelle Wünsche und Praktiken zu akzeptieren. Innerhalb der Gemeinde besteht weithin Unsicherheit, wie in einer biblischen Weise mit dem Phänomen umzugehen ist.

Was ist Homosexualität?

Der niederländische Forscher und Arzt *van den Aardweg* nennt als Kriterien

a) eine erotische Neigung zu Mitgliedern des eigenen Geschlechts, die

b) mit einer Verminderung des erotischen Interesses am anderen Geschlecht einhergeht[5].

Er unterscheidet zwischen einer vorübergehen-

---

5   G.J.M. van den Aardweg: Das Drama des gewöhnlichen Homosexuellen, Neuhausen-Stuttgart, 1985, S. 37.

den Homosexualität, die besonders in der Pubertät eine Entwicklungsphase darstellen kann, und
einer chronischen Homosexualität. Letzteres ist, was
im Allgemeinen mit dem Begriff Homosexualität
gemeint ist.

Es gibt Menschen mit klaren homosexuellen Neigungen, die diese in ihrem sexuellen Verhalten nie-
mals ausüben, während andere ohne eine wirklich
homosexuelle Orientierung zu haben, homosexuelle
Kontakte aufnehmen, z.B. aus finanziellen Gründen. Die erste Gruppe wäre nach *van den Aardweg*s
Definition homosexuell, die zweite nicht.

Neuere Autoren sehen Homosexualität als einen
multidimensionalen Prozess, der mehr und mehr
Bereiche einer Persönlichkeit und ihrer Lebenswelt
durchdringen kann: Zunächst entwickelt sich ein
psychisches Reaktionsmuster, das man als **homosexuelle Orientierung** bezeichnen kann. Diese Neigung kann zu einem **homosexuellen Verhalten**
führen. Die nächste Stufe des Prozesses wäre die
Annahme der **Identität** als Schwuler, das bewusste
Bejahen und Sich-Bekennen zur Homosexualität
und zur homosexuellen Persönlichkeit. Schließlich
pflegen nicht wenige Homosexuelle ihre Orientierung als **Lebensstil**, der eine regelrechte Subkultur
ausprägt und nicht selten ein aktives politisches
Engagement in der Schwulenbewegung einschließt.
Ein Betroffener wird sich irgendwo in dem Spektrum
dieser vier grundlegenden Komponenten befinden[6].

---

6   Siehe Frank Worthen: What is Homosexuality, http://exodus.to/con-
    tent/view/199/53/ und Mike Haley: Homosexualität – Fragen und Ant-
    worten, Bielefeld, 2006, S. 27ff.

Die Begriffe »schwul« oder »lesbisch« beinhalten nach den meisten Autoren eine bewusste Bejahung der Homosexualität. Demnach ist jeder Schwule homosexuell, aber nicht jeder Homosexuelle schwul, insofern als viele, die eine homosexuelle Neigung verspüren, diese nicht wollen und darunter leiden: »Eine weitere hilfreiche Unterscheidung ist, dass diejenigen, die die Homosexualität hinter sich lassen wollen, ›nichtschwule Homosexuelle‹ genannt werden können.«[7]

Wie entsteht Homosexualität?

Eine Untersuchung von 121 homosexuellen Männern ergab, dass die ersten homosexuellen Fantasien bei 45 % im Alter von 10 bis 14 Jahren und bei 49 % im Alter von 17 bis 21 Jahren auftraten.[8] Nach *van den Aardweg* liegt der Homosexualität ein besonderer Minderwertigkeitskomplex zugrunde, der zur Ausprägung eines »neurotischen Selbstmitleids« führt. Bei der Entwicklung homoerotischer Gefühle unterscheidet er drei Stufen *(hier an einem männlichen Beispiel dargestellt, bei Frauen geht van den Aardweg von einer ähnlichen Entstehung aus):*

• Der Junge oder der Jugendliche fühlt sich als Mann minderwertig, nicht zur Männerwelt gehörig und entwickelt deswegen starkes Selbstmitleid.

• Er schaut zu denjenigen auf, die in seinen Augen männlich, jungenhaft, stark und kräftig sind, die, kurz gesagt, zu haben scheinen, was ihm sei-

---

7   Haley, op. cit., S. 31.
8   van den Aardweg, S. 167.

ner Meinung nach fehlt. Er vergleicht sich mit ihnen, denkt an sie und träumt von ihnen, bevor in ihm sexuelle Wünsche wach werden.

• Er verliebt sich in die Objekte seiner Bewunderung. Er möchte sie anfassen, zärtlich zu ihnen sein und selbst Zärtlichkeit empfangen. Die natürliche Ausweitung dieses Bedürfnisses nach Wärme und Liebe ist eine erotische Sehnsucht.[9]

Auch Autoren wie Nicolosi und Haley betonen die Entwicklung eines Minderwertigkeitsgefühls hinsichtlich der eigenen Geschlechtsgenossen als Entstehungsbedingung der Homosexualität.[10] Nicolosi behauptet, dass (männliches) »homosexuelles Verhalten in Wirklichkeit ein Versuch ist, vertraut zu werden mit dem eigenen Körper durch andere männliche Körper«.

Ein ehemaliger Homosexueller beschreibt den Prozess mit folgenden Worten: »Ich entdeckte, dass ich mich immer in solche Männer verliebte, denen gegenüber ich mich minderwertig und unterlegen fühlte. So musste ich feststellen, dass meine Homosexualität gar kein sexueller Konflikt war, sondern mit Fragen meines Mannseins zusammenhing. Meine Homosexualität war letztlich nichts anderes als der Versuch, meinen Identitätskonflikt als Mann über einen anderen Mann zu bewältigen.«[11]

---

9   van den Aardweg, S. 140 f.
10 Joseph Nicolosi: Reparative Therapy of Male Homosexuality, Northvale, 1997; Haley, op. cit., S. 114ff.
11 Aus: www.wuestenstrom.de 10.9.2002, zitiert in Kotsch: Homosexualität und ihre Ursachen, S. 110, in: Jaeger, Pletsch: Homosexualität – Irrweg oder Alternative?, Dillenburg, 2003.

Untersuchungen haben eine Reihe von Faktoren nachweisen können, welche die Entstehung von Homosexualität begünstigen, allerdings keine notwendigen Voraussetzungen für ihre Entstehung darstellen. Dazu zählen übertriebene mütterliche Fürsorglichkeit und Bevormundung den Söhnen gegenüber[12], väterliches Desinteresse bzw. väterliche Kälte den Töchtern gegenüber[13], Missbrauch in der Kindheit[14] usw.

Forschungsergebnisse, die eine genetische Ursache der Homosexualität behaupten, sind sehr umstritten. Sie wurden von den Forschern selber relativiert, andere Untersuchungen kommen zu gegenteiligen Ergebnissen.[15]

Wie häufig kommt Homosexualität vor?

Der Kinsey-Report aus den 40er-Jahren des letzten Jahrhunderts weist einen Anteil von 10 Prozent homosexuell empfindender Menschen in der Gesellschaft aus. Diese Zahl, die häufig von der Schwulen-Lobby angeführt wird, ist jedoch als nicht repräsentativ anzusehen. Kinsey suchte bewusst Menschen mit außergewöhnlichen sexuellen Orientierungen.

---

12 van den Aardweg fand mütterliche Überfürsorglichkeit den Söhnen gegenüber bei 79 % der untersuchten homosexuellen Männer und mütterliche Bevormundung, mütterliche Herrschsucht bei 67 % (van den Aardweg, S. 185).

13 van den Aardweg, S. 336.

14 A. Paulk spricht von 90 % der untersuchten weiblichen Homosexuellen, die eine Form von Missbrauch (verbal, physisch und/oder sexuell) erlebt hatten. A. Paulk: Restoring Sexual Identity, Eugene, 2003, zitiert in Haley, S. 130.

15 Ausführlicher dazu: Kotsch: Homosexualität und ihre Ursachen, in: Jaeger, Pletsch (Hrsg): S. 102ff.; Haley, S. 211ff.

25 % der Befragten waren Gefängnis-Insassen. Nach einer weithin anerkannten Studie in den USA (National Health and Social Live Survey) geben 2,8 % der männlichen und 1,4 % der weiblichen Bevölkerung an, schwul, lesbisch oder bisexuell zu sein.[16] Andere Untersuchungen kommen zu noch geringeren Prozentsätzen.

Wie wird Homosexualität in der Bibel beurteilt?

Die gottgewollte Bestimmung der menschlichen Sexualität ist a) dass sie der Fortpflanzung dient (1Mo 1,28) und b) ein Ausdruck der Nähe, Liebe, Vertrautheit und Einheit zwischen einem Mann und seiner mit ihm verheirateten Frau ist (1Mo 2,24). **Die Homosexualität verfehlt alle von Gott bestimmten Ziele.** Im Gesetz vom Sinai stand homosexueller Verkehr unter Todesstrafe:

»*Und wenn ein Mann bei einem Mann liegt, wie man bei einer Frau liegt, so haben beide einen Gräuel verübt; sie sollen gewisslich getötet werden*« (3Mo 20,13, s. auch 18,22).

Das Argument von kirchlich orientierten Schwulenverbänden, es handle sich hier lediglich um ein Verbot der homosexuellen Tempelprostitution, ist überhaupt nicht überzeugend.

Sowohl in 3. Mose 18 als auch in 3. Mose 20 wird Homosexualität als eine von mehreren Sünden im sexuellen Bereich (Inzest, Ehebruch und Sex mit Tieren) genannt. Keine dieser Sünden wird in den bei-

---

16 zitiert in Haley, S. 198f.

den Kapiteln in Verbindung mit der Tempelprostitution gebracht.

Auch im Neuen Testament wird Homosexualität ganz klar als Sünde gebrandmarkt:

»Darum hat Gott sie dahingegeben in den Gelüsten ihrer Herzen in Unreinigkeit, ihre Leiber untereinander zu schänden; welche die Wahrheit Gottes in die Lüge verwandelt und dem Geschöpf mehr Verehrung und Dienst dargebracht haben als dem Schöpfer, welcher gepriesen ist in Ewigkeit. Deswegen hat Gott sie dahingegeben in schändliche Leidenschaften; denn sowohl ihre Frauen haben den natürlichen Gebrauch in den unnatürlichen verwandelt, als auch gleicherweise die Männer, den natürlichen Gebrauch der Frau verlassend, in ihrer Wollust zueinander entbrannt sind, indem sie Männer mit Männern Schande trieben und den gebührenden Lohn ihrer Verirrung an sich selbst empfingen« (Römer 1,24-27).

Dieser biblische Text ist sehr aufschlussreich. Er lehrt:

• Das Grundübel der Menschen ist das Abfallen von Gott: Sie kennen Gott, verherrlichen ihn aber nicht als Gott und danken ihm nicht (Röm 1,21). Stattdessen haben sie sich dem Götzendienst zugewandt. Aus dieser Rebellion gegen Gott folgen alle anderen Übel wie Homosexualität, Habsucht, Neid, usw. Homosexualität wird als ein Gericht Gottes dargestellt:

»Gott hat sie dahingegeben …« (Röm 1,24). Nachdem das Verhältnis zu Gott zerbrochen ist, gerät auch das Verhältnis der Menschen untereinander aus den Fugen. Die Homosexualität wird als ein Beispiel dafür beschrieben.

• In der Bibel wird nicht nur die homosexuelle Handlung, sondern auch das homosexuelle Verlangen als Unreinheit bezeichnet:

»Darum hat Gott sie dahingegeben in den Gelüsten ihres Herzens in Unreinheit ...« (Röm 1,24).

• Die männliche wie auch die weibliche Variante der Homosexualität werden verurteilt:

»Sowohl ihre Frauen haben den natürlichen Gebrauch in den unnatürlichen verwandelt, als auch gleicherweise die Männer ...« (Röm 1,26).

Gibt es warnende Beispiele zu Homosexualität in der Bibel?

In der Heiligen Schrift werden zwei Beispiele für menschliche Gemeinschaften genannt, in denen Homosexualität in einer massenhaften und aggressiven Weise propagiert und ihre Ausübung unter Androhung von Gewalt gefordert wurde: Sodom (1Mo 19) und Gibea (Ri 19). In beiden Fällen handelt es sich um eine Gesellschaft, die gerichtsreif war und kurz vor der Bestrafung Gottes stand. Die Parallelen in beiden Geschichten sind folgende: Beide Städte sind gekennzeichnet durch einen Mangel an Gastfreundschaft und an Respekt vor Fremden. In beiden Berichten werden die Fremden von den Männern der Stadt mit homosexueller Vergewaltigung bedroht.

In beiden Städten gibt es jeweils einen Mann, der zwar durch die Umgebung beeinflusst und in seinem moralischen Urteil verwässert ist, sich jedoch einen Rest an geistlicher Urteilsfähigkeit erhalten hat, nämlich Lot und der alte Mann aus dem Gebirge Ephraim. In ihren Augen ist die geplante homosexuelle Vergewaltigung so schrecklich, dass sie dem Pöbel als »geringeres Übel« ihre eigenen Töchter anbieten. Das ist zwar ebenfalls absolut gottlos, zeigt jedoch, welch eine moralische Katastrophe die homosexuelle Handlung in ihren Augen war.

Sowohl die eine als auch die andere Stadt wurde auf Geheiß Gottes durch Feuer vernichtet und die Bewohner getötet (bis auf Lot und seine beiden Töchter). Im zweiten Fall wurde sogar der Stamm Benjamin, der die Bewohner Gibeas in Schutz genommen hatte, bis auf 600 Mann ausgelöscht. Manche kirchlichen Sympathisanten der Schwulen- und Lesbenbewegung haben eingewandt, in diesen Geschichten solle die Fremdenfeindlichkeit und die Gewaltbereitschaft angeprangert werden. In Judas 7 jedoch steht:

»… Sodom und Gomorra und die umliegenden Städte, die in gleicher Weise wie sie Unzucht trieben und hinter fremdem Fleisch herliefen, liegen als ein Beispiel vor, indem sie die Strafe des ewigen Feuers erleiden.«

Hier wird die Sünde der Homosexualität, die als Unzucht bezeichnet wird, als Gerichtsursache hervorgehoben.

Ist Homosexualität ein unabänderliches Schicksal?

»Einmal schwul, immer schwul!«, sagen viele Fachleute und die Aktivisten der Schwulenbewegung.

Haben sie recht? Wenn die Heilige Schrift zuverlässig ist – und davon bin ich überzeugt – lautet die Antwort klar und deutlich: Nein! In 1Kor 6,9f. wird ganz deutlich ein Weg der Befreiung von Homosexualität proklamiert:

»Irrt euch nicht! Weder Unzüchtige noch Götzendiener, noch Ehebrecher, noch Lustknaben, noch Knabenschänder, noch Diebe, noch Habsüchtige, noch Trunkenbolde, noch Lästerer, noch Räuber werden das Reich Gottes ererben. Und solches sind euer etliche gewesen. Aber ihr seid abgewaschen, aber ihr seid geheiligt, aber ihr seid gerechtfertigt worden in dem Namen des Herrn Jesus und durch den Geist unseres Gottes.«

Die beiden Begriffe *Lustknaben* (gr. *malakos*) und *Knabenschänder* (gr. *arsenokoites*) bezeichnen die beiden im homosexuellen Akt ausgeübten Rollen, der erste Begriff den eher passiven und der zweite den aktiven Teil.[17] Der biblische Text macht deutlich, dass das Urteil Gottes über die Sünde in keiner Weise abgemildert wird, aber dass wir in dem Namen des Herrn Jesus und durch den Geist unseres Gottes von der Schuld freigesprochen (*gerechtfertigt*) und von der Verunreinigung und Bindung der Sünde befreit (*abgewaschen und geheiligt*) werden.

Viele Fachleute sind der Meinung, dass eine Veränderung der sexuellen Orientierung durch Therapie nur zu dem Preis der Verursachung anderer Störungen möglich ist. Selbst wenn man den biblischen Heilsweg außer Acht lässt, ist diese Meinung mehr als zweifelhaft. Der Professor für Psychiatrie

---

17 siehe Kotsch, in: Jaeger, Pletsch (Hrsg), S. 42 sowie Strong's Lexikon Griechisch/Deutsch.

Robert Spitzer war eine der treibenden Kräfte, um Homosexualität 1973 von der offiziellen Liste der psychiatrischen Störungen zu nehmen. Dies trug ihm die Anerkennung der Schwulengemeinschaft ein.[18] 2001 veröffentlichte er eine langjährige Studie an 200 repräsentativ ausgewählten ehemaligen Homosexuellen, aufgrund derer er zu dem Ergebnis kommt: »Wie die meisten Psychiater habe ich geglaubt, dass niemand seine homosexuelle Orientierung verändern kann. Ich habe nun erkannt, dass dies falsch ist. Hochmotivierte Homosexuelle können heterosexuell werden.«[19] Jetzt werfen ihm die Aktivisten der Schwulenbewegung Naivität vor. Die Befragten berichten, dass sie zusammen mit der Veränderung der sexuellen Orientierung weitere positive Persönlichkeitsveränderungen erleben: Beispielsweise sei ihre Anfälligkeit für Depressionen deutlich geringer geworden. 43 % der Männer und 47 % der Frauen gaben an, während der homosexuellen Phase auffallend oder extrem depressiv gewesen zu sein. Nach der Therapie waren es nur noch 1 % der Männer und 4 % der Frauen.[20] Spitzer weist darauf hin, dass die meisten der von ihm untersuchten Personen »ungewöhnlich religiös« gewesen seien.

Mike Haley, der selber homosexuell war und Befreiung »*in dem Namen des Herrn Jesus und durch den Geist unseres Gottes*« erlebte, bemerkt zu dem

---

18 R. Spitzer: Commentary: Psychiatry and Homosexuality, in Wall Street Journal, May 23, 2001, zitiert in Haley, S. 143.

19 zitiert in Kotsch, S. 118 f.

20 ideaSpektrum vom 18.05.2005, S. 16.

Prozess der Umgestaltung: »Alle homosexuellen Männer oder Frauen, die Veränderung erleben wollen, müssen sich darüber im Klaren sein, dass der Prozess nicht leicht sein wird. Die Bibel ermutigt uns, die Kosten unserer Hingabe zu berechnen (Lukas 14,28). Ein Durchbruch in diesem Prozess kann Jahre dauern; haben Sie also Geduld. Niemand kann von Ihnen erwarten, dass Sie bereits morgen alles aufgearbeitet haben. Tatsächlich finde ich jetzt, 20 Jahre später, immer noch Bereiche in meinem Leben, die der Herr verändern und heilen möchte, während er mich weiterhin zu dem Mann formt, den er aus mir machen möchte.«[21]

Wie sollten Gemeinden mit Homosexuellen umgehen?

Die Gemeinde der Gläubigen wird in der Heiligen Schrift als »*Gemeinde des lebendigen Gottes*« bezeichnet (1Tim 3,15), d.h. sie sollte widerspiegeln, dass sie einen lebendigen Gott hat, der sich als Heiland-Gott offenbart. Als ein »*königliches Priestertum*« sollen wir »*die Tugenden dessen [...] verkündigen, der uns berufen hat aus der Finsternis zu seinem wunderbaren Licht*« (1Petr 2,9).

Als zentrale Tugend Gottes wird hier hervorgehoben, dass er uns gesucht, geliebt und gerufen hat, als wir in der Finsternis der Sünde waren. Wir machen uns deshalb schuldig vor Gott, wenn wir homosexuellen Menschen mit Verachtung, Gering-

---

21 Haley, S. 146.

schätzung, Überheblichkeit, Abscheu oder Furcht begegnen. Vielmehr ist es unser Auftrag, sie zu lieben, uns aktiv um sie zu bemühen und ihnen das Evangelium von dem Heil Gottes in Jesus Christus zu sagen. Dabei sollten wir die göttliche Verurteilung der Homosexualität als Sünde ebenso wenig verschweigen wie seine unfassbare Liebe, Vergebungsbereitschaft und befreiende Kraft. Zwischen diesen beiden Eckwerten wird sich der christliche Umgang mit Homosexualität bewegen müssen. Menschen, die vorgeben, Christen zu sein und Homosexualität als eine normale und gottgewollte Variante menschlicher Sexualität gutheißen und/oder praktizieren, dürfen in einer bibeltreuen Gemeinde keinen Platz haben.

Menschen, egal ob gläubig oder ungläubig, die von der Homosexualität loskommen möchten, sollten in großer Geduld und mit dem Bemühen um Sachkenntnis begleitet und unterstützt werden.

Ein betroffener Christ, der in der Nachfolge des Herrn Jesus in einem jahrelangen »tränenreichen Kampf« von der homosexuellen Neigung frei wurde, schreibt: »Ich weiß, dass viele Menschen, auch in der Gemeinde Gottes, unsagbar unter dieser Veranlagung leiden. Oft haben sie Angst, sich jemandem anzuvertrauen und über ihre Gefühle zu sprechen. So werden sie einsam und können den wahren Segen einer christlichen Gemeinschaft und Freundschaft – gerade das, was sie so sehr brauchen – nicht genießen.«

Der Bereich der Homosexualität ist umkämpft wie kaum ein anderer. Als Christen werden wir nur glaubwürdige Antworten und Alternativen geben können, wenn wir einerseits die Heiligkeit Gottes und andererseits sein Erbarmen und seine Gnade gegenüber Betroffenen leben.

Hilfreiche Adressen

Biblische Seelsorge und Lebensberatung
Am Flensunger Hof 2
35325 Mücke-Flensungen
Tel. (0 64 00) 5 09 96

Deutsches Institut für Jugend und Gesellschaft
Dr. Christl Ruth Vonholdt
Postfach 12 20
64382 Reichelsheim
Tel. (0 61 64) 93 08 – 2 11
Fax (0 61 64) 93 08 – 30
E-Mail: institute@dijg.de
www.dijg.de
www.hv-cv.de

Endlich-leben-Netzwerk
Pfr. Helge Seekamp
Heustraße 59
32657 Lemgo
Tel. (0 52 61) 93 44 67
E-Mail: info@endlich-leben.net
www.endlich-leben.net

wuestenstrom e.V.
Hauptstr. 72
71732 Tamm
Tel. (0 71 41) 6 88 96 71
Fax (0 71 41) 6 88 96 74
E-Mail: info@wuestenstrom.de
www.wuestenstrom.de

**Gemeindeorientierte Initiative
für biblische Beratung e.V.**
Duracher Str. 12
87477 Sulzberg
Tel. (0 83 76) 89 26
E-Mail: kontakt@gibb-ev.de
www.gibb-ev.de

Weißes Kreuz e.V.
Weißes-Kreuz-Straße 3
34292 Ahnatal / Kassel
Tel. (0 56 09) 83 99-0
Fax (0 56 09) 83 99-22
E-Mail: info@weisses-kreuz.de
www.weisses-kreuz.de

Weißes Kreuz Schweiz
Lindhübelstrasse 45
CH-5724 Dürrenäsch
Tel. (0041) (0) 62 / 7 67 60 00
E-Mail: info@wkz.ch
www.wkz.ch

wuestenstrom Schweiz
Postfach 181
CH-8330 Pfäffikon
Tel. (0041) (0) 43 / 4 97 70 04 (dienstags, 14-17 Uhr)
E-Mail: info@wuestenstrom.ch
www.wuestenstrom.ch

Buchempfehlungen

Aardweg, Gerard van den
Selbsttherapie von Homosexualität –
Leitfaden für Betroffene und Berater
Holzgerlingen: Hänssler Verlag, 1999

Aardweg, Gerard van den
Das Drama des gewöhnlichen Homosexuellen –
Analyse und Therapie
Holzgerlingen: Hänssler Verlag, 1995

Ankerberg, John / Weldon, John
Fakten über Homosexualität
Wissenschaftliche Erkenntnisse im Licht der Bibel
Dübendorf: Mitternachtsruf, 2002

Cohen, Richard
Ein anderes Coming Out –
Homosexualität und Lebensgeschichte
Gießen: Brunnen Verlag, 2001 (2. Auflage 2004)

Egelkraut, Helmuth
Homosexualität und Schöpfungsordnung –
Die Bibel gibt Antwort
edition Weißes Kreuz
Holzgerlingen: Hänssler Verlag, 2000

Field, David
Homosexualität – Was sagt die Bibel wirklich?
Kehl: Editions Trobisch /
Guildford: Inter Publishing Service, 1982

Grimberg, Petra
Schrei nach Liebe – Brennpunkt Homosexualität
Berneck: Schwengeler Verlag, 1998

Haley, Mike
Homosexualität – Fragen und Antworten
Bielefeld: CLV, 2006

Jaeger, Hartmut / Pletsch, Joachim (Hrsg.)
Homosexualität – Irrweg oder Alternative?
idea-Dokumentation 10/2003
Dillenburg: Christliche Verlagsgesellschaft /
Wetzlar: idea e.V. – Evangelische
Nachrichtenagentur, 2003

Klautke, Dr. Jürgen-Burkhard
Homosexualität – Orientierung oder Desorientierung?
Reihe AUFKLÄRUNG, Band 48
Lage: Lichtzeichen Verlag, 2000

MacDonald, William
Der vergessene Befehl: Seid heilig!
(Seiten 150 bis 154)
Bielefeld: CLV, 3. Auflage 2001

Nicolosi, Joseph
Homosexualität muss kein Schicksal sein –
Gesprächsprotokolle einer alternativen Therapie
Neukirchen-Vluyn: Aussaat Verlag, 1995

Paulk, Anne und John
Umkehr der Liebe
Der Weg eines Mannes und einer Frau aus der
Homosexualität
Asslar: Gerth Medien GmbH, 2000

Paulk, John
Ich war schwul
Holzgerlingen: Hänssler Verlag, 2001

Rentzel, Lori
Gefühlsmäßige Abhängigkeit
Gießen: Brunnen Verlag, 2003

Welch, Edward T.
Ist das Gehirn schuld?
Krankheit und Verhalten – eine biblische Sicht
(Seiten 135 bis 162)
Friedberg: 3L Verlag, 2004

Mike Haley
Homosexualität

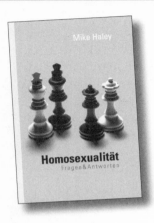

Fragen und Antworten
240 Seiten, Paperback
ISBN 978-3-89397-978-3

In unserer heutigen Gesellschaft wird Homosexualität immer mehr als alternativer Lebensstil
akzeptiert. Homosexuelle adoptieren Kinder und
fordern sogar das Recht ein, ihre Partner zu »heiraten«. Doch die Frage stellt sich: Ist diese Akzeptanz eines homosexuellen Lebensstils für unsere
Gesellschaft gesund? Nur wenige Themen werfen
so schnell gleich eine ganze Reihe von Fragen auf.
In diesem Buch findet der Leser Antworten auf die
häufigsten Fragen zum Thema Homosexualität –
geschrieben von einem Experten auf diesem Gebiet,
der früher selbst homosexuell war.